ABÉCÉDAIRE

DE

LA COUR DE FRANCE.

Orné des Portraits de la Famille Royale

et de 8 sujets gravés.

ENTRÉE de S.M. LOUIS XVIII dans la Capitale.

A Paris, *chez* Ancelle, *Libraire, Rue de la Harpe,* N° 44.

ABÉCÉDAIRE DE LA COUR DE FRANCE,

CONTENANT

Les Détails de la rentrée dans le Royaume de S. M. LOUIS XVIII, dit *le Désiré*, et des Princes et Princesses de la Famille Royale;

PRÉCÉDÉ

D'un Précis historique sur les malheurs de Louis XVI et de sa Famille;

Avec des Anecdotes propres à inspirer aux Enfans, dès leur jeune âge, l'attachement pour les augustes Personnages de la branche régnante, et leur donner la connoissance des traits de bonté et de bienfaisance dont cette illustre Maison a présenté de si nombreux exemples.

ORNÉ

Des portraits de la Famille Royale, et de huit sujets gravés.

À PARIS,

Chez ANCELLE, Libraire, rue de la Harpe, n.° 44.

1814.

Nota. L'impression des feuilles suivantes ayant été faite avant l'impression de cette première feuille, pendant cet intervalle S. A. R. Madame la Duchesse d'Orléans est accouchée d'un Prince du sang :

Louis-Charles-Philippe-Raphael d'Orléans, Duc de Nemours, né à Paris, le 25 octobre 1814, baptisé le lendemain dans la chapelle des Tuileries, et tenu sur les fonds baptismaux par Sa Majesté Louis XVIII et Madame Royale, Duchesse d'Angoulême.

P. N. Rougeron, Imprimeur de S. A. S. Madame la Duchesse Douairière d'Orléans, rue de l'Hirondelle, n.° 22.

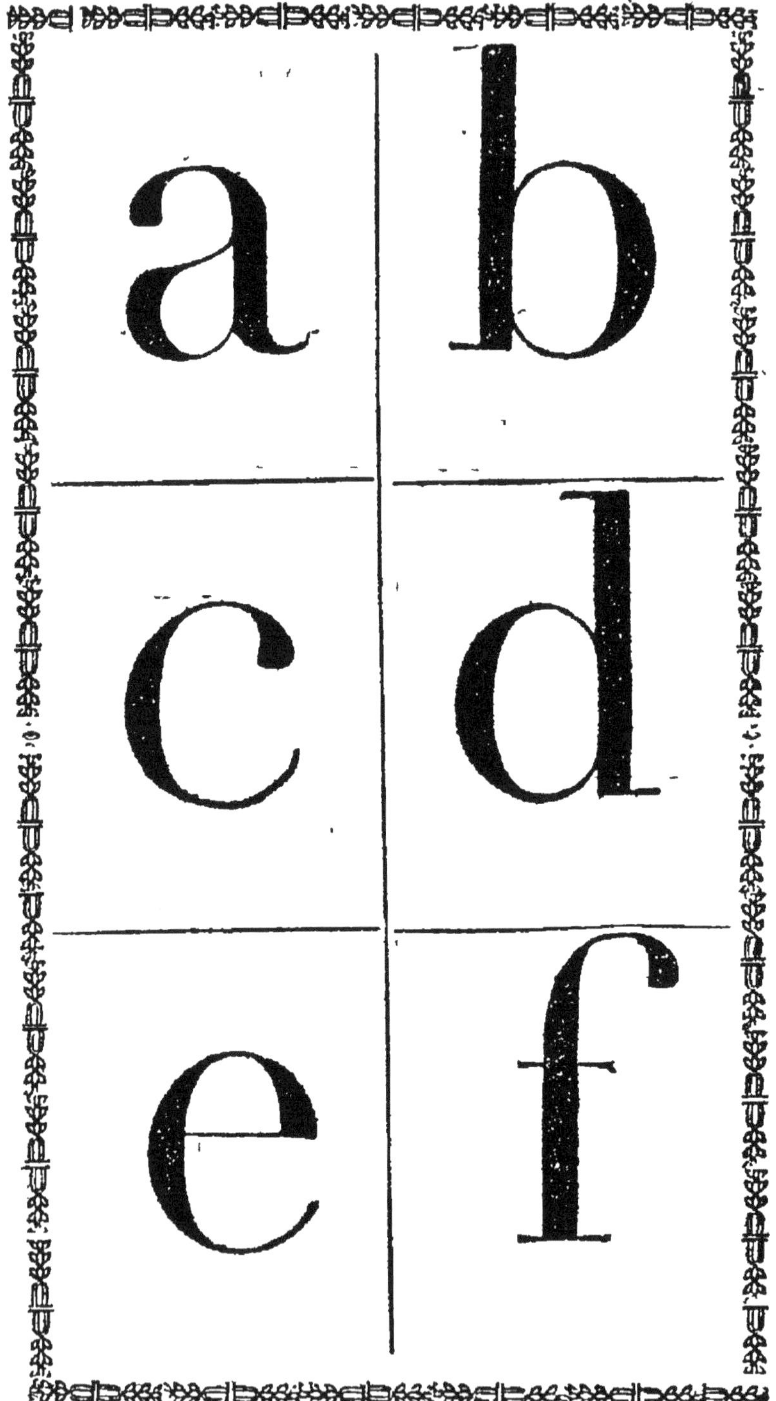
a
b
c
d
e
f

g	h
ij	k
l	m

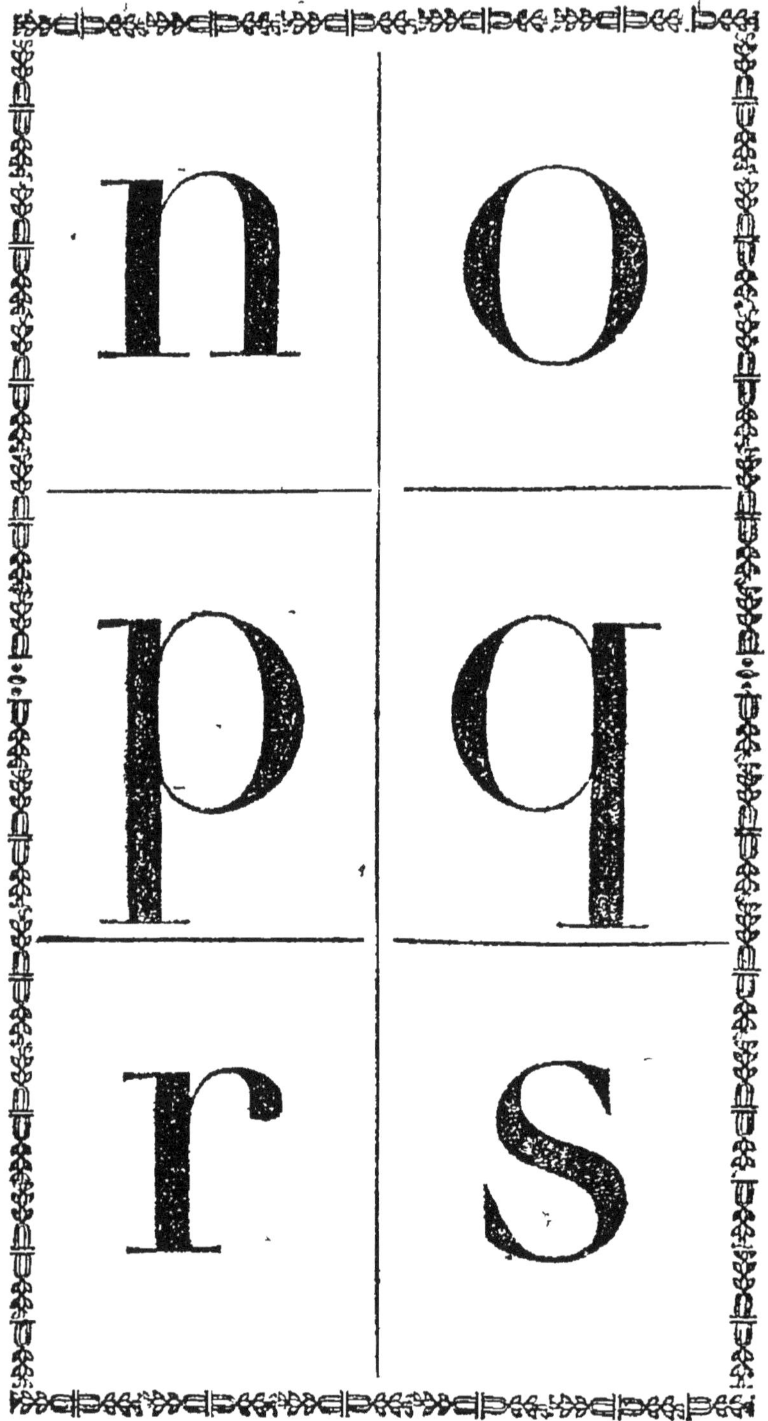
n
o
p
q
r
s

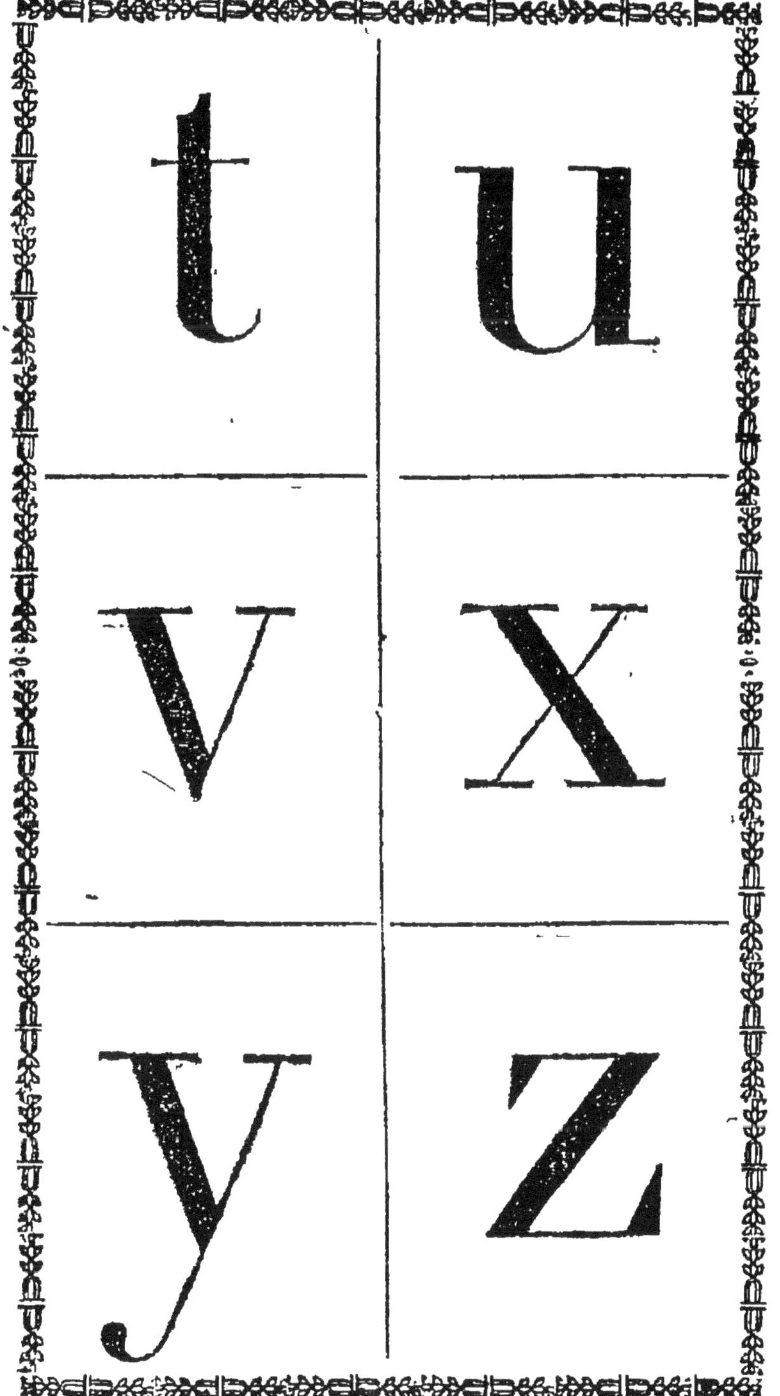
t
u
v
x
y
z

ALPHABET ROMAIN.

Aa Bb Cc Dd

Ee Ff Gg Hh

Ii Jj Kk Ll

Mm Nn Oo Pp

Qq Rr Ss Tt

Uu Vv Ww Xx

Yy Zz.

LETTRES DOUBLES.

Romaines.

Æ	æ	Œ	œ
ct	ﬀ	ﬁ	ﬃ
ﬂ	ﬄ	ſſ	ſi
ſſi	ﬅ	w	&

Italiques.

Æ	*æ*	*Œ*	*œ*
ct	*ﬀ*	*ﬁ*	*ﬃ*
ﬂ	*ﬄ*	*ſſ*	*ſi*
ſſi	*ﬅ*	*w*	*&*

SYLLABAIRE.

a	e	i	o	u
ba	be	bi	bo	bu
ca	ce	ci	co	cu
da	de	di	do	du
fa	fe	fi	fo	fu
ga	ge	gi	go	gu
ha	he	hi	ho	hu
ja	je	ji	jo	ju
ka	ke	ki	ko	ku
la	le	li	lo	lu

ma me mi mo mu

na ne ni no nu

pa pe pi po pu

qua que qui quo qu

ra re ri ro ru

sa se si so su

ta te ti to tu

va ve vi vo vu

xa xe xi xo xu

za ze zi zo zu

bla	ble	bli	blo	blu
bra	bre	bri	bro	bru
cha	che	chi	cho	chu
cla	cle	cli	clo	clu
cra	cre	cri	cro	cru
dra	dre	dri	dro	dru
dla	dle	dli	dlo	dlu
fla	fle	fli	flo	flu
fra	fre	fri	fro	fru
gra	gre	gri	gro	gru
pla	ple	pli	plo	plu
pra	pre	pri	pro	pru
pha	phe	phi	pho	phu
tla	tle	tli	tlo	tlu
tra	tre	tri	tro	tru

Mots composés d'une seule syllabe.

Air.	Arc.
Bal.	Bras.
Chant.	Ciel.
Dais.	Duc.
Eau.	Eux.
Foi.	Flot.
Gant.	Gros.
Haut.	Hors.
If.	Il.
Jour.	Juif.

Kell.	Kent.
Lis.	Loi.
Mars.	Mœurs.
Nez.	Noir.
OEil.	Os.
Paix.	Pleurs.
Quai.	Quoi.
Rang.	Roi.
Sain.	Soif.
Teint.	Trait.
Un.	Ut.

Vin. Ver.

Y. Yeux.

Zest. Zinc.

Mots composés de deux syllabes.

A ge. Am bre.

Ba ron. Bi jou.

Char te. Com te.

Da nois. Da me.

É cho. É poux.

Fu ret. Fê te.

Gen til. Gué ret.

Ha ïr.	Hé ros.
Ju ger.	Jar din.
Im pair.	In grat.
Ka li.	Ki ste.
Lou is.	Lau rier.
Ma jor.	Ma ge.
No ble.	Na cre.
Or dre.	Or gueil.
Pa pe.	Pas teur.
Qua tre.	Quin tal.
Roy al.	Rei ne.

Sa cre. So leil.

Ta lent. Trô ne.

U nion. Urg ent.

Val lon. Ver tu.

Xan tus. Xy lon.

Y ork. Y pres.

Zè le. Zé phir.

Mots composés de plusieurs syllabes.

Ac co la de.

Ad mi ra teur.

Ba lus tra de.

Ban nis se ment.

Chro no lo gis te.

Ca no ni que ment.

Dé so bé is san ce.

Dis tri bu teur.

En fan til la ge.

En chan te ment.

Fir ma ment.

Fa bri ca ti on.

Gou ver ne ment.

Gra ti fi ca ti on.

Hé mis phè re.

Hu mi li a ti on.

Im mé di a te ment.

In di ca teur.

Jau gea ge.

Ju ge ment.

Ke ra to phyl lon.

Kis té o to mi e.

Li bé ra teur.

La by rin the.

Ma jes tu eu se ment.

Mal veil lan ce.

No ble ment.

No men cla tu re.

On du la ti on.

Or don na teur.

Pa ci fi ca ti on.

Pré pon dé ran ce.

Qua dra gé si me.

Qua dran gu lai re.

Ré ha bi li ta ti on.

Ro ya le ment.

Schis ma ti que.

Sur veil lan ce.

Thé o lo gi que ment.

Trans fi gu ra ti on.

Ul té ri eu re ment.

U sur pa teur.

Vé ri fi ca teur.

Ver si fi ça ti on.

Xe ro pthal mi e.

Xud no grod.

Y pé ca cu a nha.

Ys sen geaux.

Zé la teur.

Zo gra phi e.

Phrases à épeler.

A près des guer res lon-gues et san glan tes, la Fran ce se re po se en fin dans le sein de la paix. Ses Rois lé gi ti mes lui sont ren dus. La fa mil le des Bour bons est re mon tée sur le trô ne de ses pè res. La Na ti on a ac cueil li a vec des trans-ports d'al lé gres se ces Prin-ces bien fai sans, dont la pré sen ce a ré u ni tous les cœurs.

Sous un Gou ver ne ment é qui tab le et pa ter nel, le com mer ce va re fleu rir. Tou tes les sour ces de la fé li ci té pu bli que vont se rou vrir. Nos cam pa gnes re naî tront à la cul tu re, et se cou vri ront de ri ches mois sons.

Heu reu ses les na ti ons qui sont gou ver né es par des Rois pa ci fi ques, qui mé na gent le sang et la for-tu ne de ceux que la Pro vi-den ce a con fi és à leurs soins! Sous leur é gi de tu-té lai re, le la bou reur cul-ti ve ses champs, sans é prou-ver la crain te d'u ne guer re dé sas treu se qui peut lui en-le ver le fruit de ses tra vaux.

Mal heu reux, au con trai re, le peu ple dont le chef est

un con qué rant, a vi de de
sang et de car na ge, qui ne
rê ve que com bats, dont la
pos ses si on de l'u ni vers
ne pour roit as sou vir l'am-
bi ti on dé me su rée !

A vec un tel maî tre, on
ne peut es pé rer ni re pos
ni bon heur. Les im pôts sont
tri plés, les cam pa gnes sont
ra va gé es, il n'e xis te a lors
au cu ne con fi an ce, au cu ne
sû re té. Le com mer ce lan-
guit, un bou le ver se ment
gé né ral met bien tôt le comble aux mal heurs de tout un
peu ple.

Dieu pro té ge ra la Fran ce

et ne per met tra pas qu'u ne ré gi on si bel le, si fer ti le, soit de nou veau le thé â tre des com bats. Un pac te saint a é té si gné en tre des hé ros li bé ra teurs.

Bé nis sons donc le jour heu reux qui a ra me né le Prin ce au gus te qui, à l'e-xem ple de la Di vi ni té, ne se dis tin gue que par sa sol li-ci tu de et par ses bien faits, qui ou bli e tout, qui par-don ne tout, qui ne veut u ser du pou voir que pour fai re des heu reux, et qui re-gar de les Fran çais com me ses pro pres en fans.

DES ACCENTS.

é	(accent aigu.)
à è ù	(accent grave.)
â ê î ô û	(accent circonflexe.)
ë ï ü	(tréma.)

Exemples de l'accent aigu.

Ai mé.	Gé né ro si té.
Dé jeû né.	Pro pre té.

Exemples de l'accent grave.

À mè re.	Mè re.
Frè re.	Pro grès.
Ga lè re.	Suc cès.

Exemple de l'accent circonflexe.

Pâ te.	Aus si tôt.
Fê te.	Cô te,
Gî te.	Flû te.

Exemples du tréma.

Po ë te.	A ï eul.
Bo ë te.	Fa ï en ce.
Ha ï.	Sa ül.

PRÉCIS

1. LOUIS XVI. 2 LA REINE. 3 LOUIS XVII. 4 M.me ELISABETH.

Les penibles adieux de Louis XVI à sa Famille.

PRÉCIS HISTORIQUE

DES MALHEURS

DE LOUIS XVI,

ET

Des Evénemens qui les ont suivis, jusqu'à l'Entrée de LOUIS XVIII dans le Royaume de France.

C'EST de l'année 1789 que date notre malheureuse révolution, époque à laquelle le trop bon Louis XVI convoqua les états-généraux pour trouver les moyens de payer la dette de l'état ; mais lorsque ce corps fut réuni, ses premières séances devinrent orageuses : il se trouva dans cette assemblée des hommes puissans sans moralité, qui ne cherchoient que le renversement de la monarchie. Le Roi ne fut plus le maître d'arrêter les secousses qu'on portoit à son autorité, ou du moins il ne voulut pas sacrifier quelques novateurs dangereux. S'il eût employé une mesure vigoureuse, il est probable que notre révolution n'auroit pas eu lieu.

La réunion des trois ordres de l'état, en opposition avec les vues du Monarque qui vouloit la dissoudre, se retira en majorité dans le jeu de paume de Versailles, où elle se constitua en assemblée nationale connue sous le nom d'assemblée constituante. Celle-ci fit une constitution qui retiroit presque tout le pouvoir, toute la dignité du Souverain, et qui étoit d'ailleurs impraticable. Après ce travail informe, ses auteurs crurent leur tâche remplie, et convoquèrent, pour se remplacer, une assemblée dite *législative*, qui, trop foible pour soutenir le fardeau qu'on lui avoit imposé, appela la convention nationale, dans laquelle toutes les passions et toutes les animosités se déchaînèrent de nouveau contre l'autorité royale. Il y avoit dans cette nouvelle assemblée une foule d'intrigans qui suscita contre le Roi la journée du 10 août 1792. Ce jour même, une horde de brigands, portant le nom de Marseillais, vint assiéger le château des Tuileries et égorgea la garde du Roi. Ce vertueux prince, plein de confiance, se sauva avec sa famille dans le sein de l'assemblée, croyant y trouver sûreté et protection, lorsqu'elle prononça la déchéance de Louis XVI et de sa famille, les fit renfermer dans les tours du Temple, et proclama la république. Ensuite cette convention, sans avoir reçu aucuns pouvoirs du peuple, s'érigea en tribunal pour juger son Roi, auquel elle ne pouvoit reprocher que ses vertus et sa trop grande bonté. Elle inventa contre lui trente-deux chefs d'accusation, quoiqu'il ne fût coupable d'aucuns, et le condamna à perdre la vie sur un échafaud. Les adieux de Louis XVI à son épouse et à sa famille, avant de partir pour l'exécution, furent des plus pénibles et des plus déchirans. Ce bon prince périt le 21 janvier 1793, jour de deuil et de calamité pour toute la France, dans lequel tous les honnêtes gens, tous les vrais Français, répandirent des larmes.

La captivité de Louis XVI dans les tours du Temple avoit duré plus de cinq mois : il étoit entouré de sa famille; la Reine, son épouse; Madame Elisabeth, sa sœur; Madame Royale et le Dauphin, ses enfans. Ils avoient pour geoliers tout ce que la nature a de plus abject et de plus hideux. Ces captifs infortunés recevoient journellement de leur part et de la part des commissaires de la commune, les humiliations les plus grossières et des outrages que la postérité aura peine à croire. Dans le courant du mois de décembre, on avoit privé le Roi des choses mêmes les plus nécessaires : on l'avoit séparé de sa femme et de ses enfans. Ce prince malheureux avoit souffert avec patience, et s'étoit préparé à la mort, où il vit bien que ses cruels ennemis vouloient le conduire. Ce fut le 25 décembre qu'il écrivit de sa propre main son testament.

TESTAMENT DE LOUIS XVI.

Au Nom de la Très-Sainte Trinité, du Père du Fils et du St.-Esprit. Aujourd'hui vingt-cinquième jour de décembre 1792, moi Louis seizième du nom, Roi de France, étant, depuis plus de quatre mois, renfermé avec ma famille dans la tour du Temple à Paris, par ceux qui étoient mes sujets, et privé de toute communication quelconque, même depuis le 11 du courant, avec ma famille; de plus, impliqué dans un procès dont il est impossible de prévoir l'issue, à cause des passions des hommes, et dont on ne trouve aucun prétexte ni moyens dans aucune loi existante, n'ayant que Dieu pour témoin de mes pensées, et auquel je puisse m'adresser; je déclare ici, en sa présence, mes dernières volontés et mes sentimens. Je laisse mon âme à Dieu, mon Créateur; je le prie de la recevoir dans sa miséricorde, de ne pas la juger d'après ses mérites, mais par ceux de notre Seigneur Jésus-Christ, qui s'est offert en sacrifice à Dieu son père, pour nous autres hommes, quelque indignes que nous en fussions et moi le premier.

Je meurs dans l'union de notre sainte-mère, l'Eglise catholique, apostolique et romaine, qui tient ses pouvoirs, par une succession non interrompue, de Saint Pierre, auquel Jésus-Christ les avoit confiés.

Je crois fermement et je confesse tout ce qui est contenu dans le symbole et les commandemens de Dieu et de l'Eglise, les sacremens et les mystères, tels que l'Eglise catholique les enseigne et les a toujours enseignés.

Je n'ai jamais prétendu me rendre juge dans les différentes manières d'expliquer les dogmes qui déchirent l'Eglise de Jésus-Christ ; mais je m'en suis rapporté et rapporterai toujours, si Dieu m'accorde la vie, aux décisions que les supérieurs ecclésiastiques, unis à la sainte Eglise catholique, donnent et donneront, conformément à la discipline de l'Eglise, suivie depuis Jésus-Christ.

Je plains de tout mon cœur nos frères qui sont dans l'erreur ; mais je ne prétends pas les juger, et je ne les aime pas moins tous en Jésus-Christ, suivant ce que la charité nous enseigne. Je prie Dieu de me pardonner tous mes péchés ; j'ai cherché à les connoître scrupuleusement, à les détester, et à m'humilier en sa présence. Ne pouvant me servir du ministère d'un prêtre catholique, je prie Dieu de recevoir la confession que je lui en ai faite, et sur-tout le repentir profond que j'ai d'avoir mis mon nom (quoique cela fût contre ma volonté) à des actes qui peuvent être contraires à la discipline et à la croyance de l'Eglise catholique, à laquelle je suis toujours resté sincèrement uni de cœur.

Je prie Dieu de recevoir la ferme résolution où je suis, s'il m'accorde la vie, de me servir, aussitôt que je pourrai, du ministère d'un prêtre catholique, pour m'accuser de tous mes péchés, et recevoir le sacrement de pénitence. Je prie tous ceux que je pourrois avoir offensés par inadvertance (car je ne me rappelle pas d'avoir fait sciemment aucune offense à personne), ou ceux à qui j'aurois pu avoir donné de mauvais exemples, ou des scandales, de me pardonner le mal que je peux leur avoir fait. Je prie tous ceux qui ont de la charité d'unir leurs prières aux miennes, pour obtenir de Dieu le pardon de mes péchés. Je pardonne de tout mon cœur à ceux qui se sont faits mes ennemis sans que je leur en aie donné aucun sujet, et je prie Dieu de leur pardonner, de même qu'à ceux qui, par un faux zèle, ou par un zèle mal entendu, m'ont fait beaucoup de mal.

Je recommande à Dieu ma femme et mes enfans, ma sœur et mes tantes, mes frères et tous ceux qui me sont attachés par le lien du sang, ou par quelque manière que ce puisse être. Je prie Dieu particulièrement de jetter des yeux de miséricorde sur ma femme, mes enfans et ma sœur, qui souffrent depuis long-temps avec moi; de les soutenir par sa grâce, s'il viennent à me perdre, et tant qu'ils resteront dans ce monde périssable.

Je recommande mes enfans à ma femme : je n'ai jamais douté de sa tendresse maternelle pour eux ; je lui recommande sur-tout d'en faire de bons chrétiens et d'honnêtes hommes; de ne leur faire regarder les grandeurs de ce monde-ci (s'ils sont condamnés à les éprouver), que comme des biens dangereux et périssables, et de tourner leurs regards vers la seule gloire solide et durable de l'Eternité. Je prie ma sœur de vouloir continuer sa tendresse à mes enfans, et de leur tenir lieu de mère, s'ils avoient le malheur de perdre la leur.

Je prie ma femme de me pardonner tous les maux qu'elle souffre pour moi, et les chagrins que je pourrois lui avoir donnés dans le cours de notre union; comme elle peut être sûre que je ne garde rien contre elle, si elle croyoit avoir quelque chose à se reprocher.

Je recommande bien vivement à mes enfans, après ce qu'ils doivent à Dieu, qui doit marcher avant tout, de rester toujours unis entre eux, soumis et obéissans à leur mère, et reconnoissans de tous les soins et les peines qu'elle se donne pour eux; et en mémoire de moi, je les prie de regarder ma sœur comme une seconde mère.

Je recommande à mon fils, s'il avoit le malheur de devenir roi, de songer qu'il se doit tout entier au bonheur de ses concitoyens; qu'il doit oublier toute haïne et tout ressentiment, et nommément ce qui a rapport aux malheurs et aux chagrins que j'éprouve; qu'il ne peut faire le bonheur des peuples qu'en régnant suivant les lois, mais en même temps qu'un roi ne peut les faire respecter, et faire le bien qui est dans son cœur, qu'autant qu'il a l'autorité nécessaire, et qu'autrement, étant lié dans ses opérations, et n'inspirant plus de respect, il est plus nuisible qu'utile.

Je recommande à mon fils d'avoir soin de toutes les personnes qui m'étoient attachées, autant que les circonstances où il se trouvera lui en donneront les facultés; de songer que c'est une dette sacrée que j'ai contractée envers les enfans ou les parens de ceux qui ont péri pour moi, et ensuite de ceux qui sont malheureux pour moi.

Je sais qu'il y a plusieurs personnes de celles qui m'étoient attachées, qui ne se sont pas conduites envers moi comme elles le devoient, et qui ont même montré de l'ingratitude; mais je leur pardonne (souvent, dans des momens de trouble et d'effervescence, on n'est pas le maître de soi), et je prie mon fils, s'il en trouve l'occasion, de ne songer qu'à leur malheur.

Je voudrois pouvoir témoigner ici ma reconnoissance à ceux qui m'ont montré un attachement véritable et désintéressé. D'un côté, si j'ai été sensiblement touché de l'ingratitude et de la déloyauté de gens à qui je n'avois jamais témoigné que des bontés, à eux ou à leurs parens ou amis; de l'autre, j'ai eu de la consolation à voir l'attachement et l'intérêt gratuit que beaucoup de personnes m'ont montrés.

Je les prie d'en recevoir tous mes remercîmens; dans la situation où sont encore les choses, je craindrois de les compromettre si je parlois plus explicitement; mais je recommande spécialement à mon fils de chercher les occasions de pouvoir les reconnoître. Je croirois calomnier cependant les sentimens de la nation, si je ne recommandois ouvertement à mon fils, MM. de Chamilly et Hue, que leur véritable attachement pour moi avoient porté à s'enfermer avec moi dans ce triste séjour, et qui ont pensé en être les malheureuses victimes. Je lui recommande aussi Cléry, des soins duquel j'ai eu tout lieu de me louer depuis qu'il est avec moi. Comme c'est lui qui est resté avec moi jusqu'à la fin, je prie messieurs de la Commune de lui remettre mes hardes, mes livres, ma montre, ma bourse, et les autres effets qui ont été déposés au conseil de la Commune.

Je pardonne encore très-volontiers à ceux qui me gardoient, les mauvais traitemens et les gênes dont ils ont cru devoir user envers moi. Jai trouvé quelques âmes sensibles et compatissantes; que celles-là jouissent, dans le cœur, de la tranquillité que doit donner leur façon de penser !

Je prie messieurs Malesherbes, Tronchet et Desèze, de recevoir ici tous mes remercîmens, et l'expression de ma sensibilité pour tous les soins et les peines qu'ilsse sont donnés pour moi.

Je finis en déclarant devant Dieu, et prêt à paroître devant lui, que je ne me reproche aucuns des crimes qui sont avancés contre moi.

Fait double à la tour du Temple, le 25 décembre 1792. *Signé* LOUIS.

Ecrit, BAUDRAIS, officier municipal.

Après la mort du bon Roi, cette victime ne suffit pas pour assouvir la rage de ces monstres. Ils instituèrent un tribunal de sang sous le nom de tribunal révolutionnaire, qui envoyoit à l'échafaud, tous les jours, jusqu'à soixante et même quatre-vingt victimes, dont le seul crime étoit la naissance et la fortune.

Pendant cet intervalle, la Reine avec ses enfans et Madame Elisabeth étoient restées en prison dans les tours du Temple. Que n'eurent-elles pas à souffrir de l'insolence des geoliers et des municipaux qui étoient commis à leur garde ? L'épouse du Monarque fut ensuite arrachée à deux heures du matin des bras de ses enfans et de sa belle-sœur, de la manière la plus indécente, et conduite à la conciergerie, dans une des chambres qui est regardée comme la plus malsaine de cette affreuse prison. On la fit paroître peu après devant ce tribunal sanguinaire, où on ne manqua pas de l'accuser de crimes inventés par ses bourreaux. Un des témoins appelés à sa charge, Hébert, membre de la commune, ce Hébert, d'exécrable mémoire, l'accusa des crimes les plus inouïs et qui révoltent la nature. Cette malheureuse princesse répondit à toutes ces absurdités avec courage et fermeté : elle n'en fut pas moins condamnée à être assassinée de la même manière que son vertueux époux. Cette sentence d'iniquité fut exécutée le 15 octobre 1793.

Le 9 mai 1794, la bienfaisante princesse Madame Elisabeth fut enlevée des bras de sa nièce Madame Royale : elles étoient séparées depuis long-temps du Dauphin, alors Louis XVII. Elle fut conduite devant ce même tribunal de sang, et lorsqu'on l'interrogea sur son nom et ses qualités, elle répondit : « Je me nomme Elisabeth de France, » tante de votre Roi. » Ces paroles hardies interdirent un moment les bourreaux et suspendirent l'interrogatoire. En répondant à toutes les autres questions avec une douceur et une tranquillité angéliques, elle ne put néanmoins attendrir les tigres féroces qui avoient juré sa perte. Elle fut condamnée avec vingt-quatre autres victimes innocentes comme elle, et exécutée le 10 mai 1794. On poussa l'inhumanité jusqu'à attendre, pour lui porter le coup mortel, qu'on eût fait périr en sa présence tous ceux qui avoient été condamnés avec elle. Ainsi on lui a donné la mort vingt-cinq fois.

Il ne restoit plus au Temple que les deux rejettons d'une si auguste et si malheureuse famille, Louis XVII et Madame Royale. Le premier portoit ombrage ; mais les bourreaux n'osant pas l'assassiner publiquement à cause de sa trop grande jeunesse, eurent la cruauté de le faire périr à force de tourmens ; on assure même qu'ils ont eu la barbarie d'accélérer ses jours par un breuvage empoisonné.

Ainsi périt cette auguste famille, victime infortunée des crimes qu'une poignée de scélérats commit au nom du peuple français. Heureusement la nation fidèle ne peut être accusée d'un si abominable forfait. Dans ces temps de malheurs et de deuil, personne n'étoit à l'abri de perdre la vie. Par suite de ce systême sanguinaire, un mot, un geste de compassion suffisoit pour être envoyé à l'échafaud sans aucune considération d'état, d'âge, de sexe, etc.

Les membres de cette convention finirent même par s'égorger entre eux.

A cette réunion monstrueuse succéda une *législature*, sous le règne de laquelle les factions sans nombre se détruisirent tour-à-tour.

Ensuite vint le directoire exécutif qui, par je ne sais quelle inspiration, laissa partir pour Vienne Madame Royale, et conserva ainsi la vie du dernier rejeton de cette famille infortunée. Sous ce directoire eut lieu la journée du 18 brumaire, dans laquelle Buonaparte s'empara du pouvoir en prenant la dénomination de premier Consul de la république. Mais quelques années après, son ambition démesurée le porta à s'emparer du trône du fils de Henri IV, sous le titre d'Empereur des Français. Pendant ce détestable règne, la destruction du genre humain s'opéra d'une manière encore plus rapide, mais sous un autre point de vue : des guerres continuelles moissonnoient toute notre malheureuse jeunesse, avant qu'elle eût la force de porter les armes. Cet ambitieux ravagea par le fer et la flamme l'Europe entière, avec l'intention d'en détrôner tous les monarques pour les remplacer par ses parens et ses protégés. C'est ainsi qu'il remplit toutes les nations voisines d'épouvante et de l'exécration de son nom.

Buonaparte a eu aussi la cruauté de tremper ses mains dans le sang d'un Bourbon, le prince d'Enghien, qu'il a fait prendre à force armée sur une terre étrangère, et ensuite fusiller dans les fossés du château de Vincennes.

L'ambition et le caractère féroce de ce parvenu a fait périr en moins de dix ans plus de cinq millions de Français. La campagne de Moskow, qui enleva tant de braves, lui fit exiger de la nation les plus grands sacrifices tant en hommes qu'en argent, chevaux et réquisitions de toute espèce. Tout fut inutile : l'heure de sa chute étoit arrivée. Les puissances d'Europe se coalisèrent et le pressèrent de toutes parts; le peuple et le soldat étoient las de tant de carnage. Les campagnes de 1813 et 1814, à jamais mémorables pour la valeur française comme pour celle de toutes les nations, mirent un terme aux malheurs du genre humain.

Alexandre-le-Grand, Empereur de Russie, et le Roi de Prusse se sont présentés le 30 mars 1814, avec leur armée, devant les murs de Paris, et y ont fait leur entrée le lendemain par capitulation. Quelques jours après, l'Empereur d'Autriche y arriva aussi avec une partie de ses troupes. Le magnanime Alexandre, avec l'assentiment de ses illustres alliés, eut la générosité de nous délivrer de la tyrannie de Buonaparte, et de nous rendre Louis XVIII, qui est remonté sur le trône de ses ancêtres. Nous possédons aujourd'hui cet illustre monarque, ainsi que Monsieur, Comte d'Artois, Monseigneur le Duc d'Angoulême, Madame Royale, son épouse, et Monseigneur le Duc de Bérry. Nous jouissons des douceurs de la paix générale. Les pères et mères peuvent du moins espérer que leurs enfans ne leur seront point enlevés dans l'adolescence, et qu'il leur restera un fils pour les consoler dans leur vieillesse.

Vive le Roi! Vivent les Bourbons!

LOUIS XVIII, surnommé *le Désiré.*

Louis-Stanislas-Xavier naquit à Versailles, le 17 novembre 1755.

Après vingt-quatre ans de malheurs et d'exil, Sa Majesté Louis-le-Désiré

S. M. LOUIS LE DESIRÉ, ROI DE FRANCE ET DE NAVARRE

C'est sur vous Messieurs, que je veux toujours m'appuyer.

débarqua à Calais le 24 avril 1814, accompagné de Madame Royale, Duchesse d'Angoulême, et de LL. AA. SS. Messeigneurs le Prince de Condé et le Duc de Bourbon. Dès le matin de cette heureuse journée, le rivage de la mer, les remparts et tous les points élevés de la ville de Calais, étoient couverts de ses habitans, auxquels s'étoient réunis ceux des villes et des campagnes voisines. Sur les trois heures de l'après-midi, on aperçut plusieurs vaisseaux dont toutes les voiles étoient déployées : celui qui étoit en tête étoit plus considérable que les autres et magnifiquement orné. Ce dernier portoit les destinées de la France. Enfin il doubla la jettée et entra dans le port. Tout-à-coup on s'écria : *le voilà ! c'est lui ! le voilà ! vive le Roi ! vive Madame ! vivent à jamais les Bourbons !* Le canon de tous les vaisseaux et de tous les forts, les sons des instrumens répondent à ces cris poussés jusqu'aux cieux. . . Le Roi s'étoit fait reconnoître au milieu de sa famille et de ses serviteurs : seul il avoit ôté son chapeau. Levant les yeux au ciel, portant la main droite sur son cœur et ensuite tournant ses regards vers le peuple, il lui tend les bras avec une expression que rien ne peut rendre. Les acclamations, les gestes du peuple répondent à ce signe de tendresse manifesté par un père qui retrouve ses enfans après de longues souffrances ; tous les yeux répandent des larmes ; l'attendrissement est à son comble. Le cortége qui attendoit que Louis XVIII et sa famille fussent débarqués, étoit embelli par quarante jeunes demoiselles vêtues uniformément, chargées d'offrir à S. A. R. Madame, Duchesse d'Angoulême, les hommages et les vœux des dames de Calais : une musique nombreuse ouvroit la marche, et faisoit entendre particulièrement l'air chéri *vive Henri IV !*

Enfin le Souverain descend du vaisseau et met le pied sur le sol français. Madame Royale, Monseigneur le Prince de Condé et Monseigneur le Duc de Bourbon suivent le Monarque et se placent dans une calèche découverte. Comme la multitude s'avançoit de près pour voir son Roi, le Monarque dit avec aménité en versant des larmes de joie : « Laissez approcher » tous les Français, ce sont tous mes » enfans. » Les Calaisiens se prosternèrent devant leur père, aux cris de *vive le Roi !* Seize habitans de la ville, élégamment vêtus détèlent les chevaux et traînent la voiture. Non loin delà Louis XVIII étoit attendu par un nombreux clergé : le curé qui étoit à la tête des ministres de la religion adressa à son Souverain le discours le plus pathétique ; le Roi répondit : « Monsieur le curé, après » plus de vingt ans d'absence, le ciel » me rend mes enfans ; allons remer- » cier Dieu dans son temple. » Le cortége s'avance jusqu'à l'église. Louis XVIII fut conduit sous le dais jusqu'au centre du chœur : le recueillement du Monarque, de Madame la Duchesse et des Princes impose bientôt le silence le plus religieux. Aussi le cantique d'actions de grâces que jamais l'on ne chanta dans une occasion plus solennelle, ne fut jamais entendu avec plus de piété et de reconnoissance. Chacun demeuroit surpris de l'ascendant de l'exemple donné par le Souverain. A la sortie de l'église, les élans de la joie, qui avoient été suspendus,

pendus, n'en furent que plus marqués et plus unanimes : ils ne cessèrent d'éclater jusqu'au palais préparé pour Sa Majesté.

Le Monarque, à peine entré dans les appartemens qui lui étoient destinés, reparut et reçut les autorités civiles et militaires. Il n'en est pas une d'elles qui n'ait obtenu des témoignages de son affabilité : toujours ses réponses portoient l'empreinte de la bonté la plus parfaite.

La ville de Calais a reçu du Roi des marques bien flatteuses de sa bienveillance ; dans sa réponse au maire, il lui dit : « Les habitans de Calais, » depuis Philippe de Valois, n'ont » jamais cessé de donner à leurs Sou- » verains des preuves de leur amour » et de leur fidélité ; je compte » sur leur attachement, comme ils » peuvent compter sur ma protec-

» tion. » « Comment, a-t-il dit dans » un autre moment, oublierai-je ja- » mais cette ville de Calais ? n'est-ce » pas en mettant le pied sur ses riva- » ges que j'ai versé les premières lar- » mes de joie ? »

Les Frères de la Doctrine Chrétienne lui sont présentés ; il leur dit : « Faites » de bons chrétiens, vous aurez fait » de bons Français. »

Cédant aux instances des Calaisiens, S. M. a daigné consentir à l'exécution d'un projet présenté par l'un d'eux, qui tend à placer au lieu précis où le Roi est descendu de son vaisseau, une plaque de bronze, sur laquelle sera tracée l'empreinte d'un pied. Vis-à-vis sera élevé un monument simple, avec une inscription qui rappellera que le 24 avril 1814, Louis XVIII, après plus de vingt ans d'absence, est revenu dans ses Etats.

Le Roi avoit été supplié par les habitans de Dunkerque de débarquer dans leur port, il leur répondit : « j'ai-
» merois à consentir à votre prière ;
» vos motifs me touchent, mais je
» suis affamé du desir de revoir mes
» enfans : ne dois-je point prendre,
» pour arriver jusqu'à eux, le chemin
» le plus court ? »

Le Roi, la Princesse et les Princes ont quitté Calais le 26 avril, à une heure après-midi. Sur toute la route, à Boulogne, à Montreuil, à Abbeville, à Amiens, Louis XVIII a été accueilli par les acclamations de toute la population, et dans toutes ces villes, les habitans ont dételé les chevaux et traîné sa voiture. Ensuite S. M. est arrivée à Compiègne, et a été reçue avec le même enthousiasme, les mêmes acclamations. Lorsqu'elle a été entrée au château, elle a admis dans le salon une députation du Corps-Législatif et des Maréchaux de France, ainsi que plusieurs personnes de distinction. Elle a adressé à chacune d'elles les paroles les plus obligeantes.

Le Roi a répondu au discours qui lui a été prononcé au nom des Maréchaux par le Prince de Neuchâtel : « Je vois avec plaisir MM. les Ma-» réchaux de France ; je compte » sur les sentimens d'amour et de » fidélité qu'ils expriment au nom » des armées françaises. » Ensuite S. M. s'est levée en saisissant le bras de deux maréchaux qui étoient les plus proches, et a dit avec effusion de cœur : « C'est sur vous, mes-» sieurs les Maréchaux, que je veux » toujours m'appuyer ; approchez et » entourez-moi, vous avez été conti-» nuellement bons Français. J'espère » que la France n'aura plus besoin

» de votre épée : si jamais, ce que » Dieu ne veuille, on nous forçoit à » la tirer, tout goutteux que je suis, » je marcherois avec vous. » Au milieu du dîner auquel S. M. les avoit invités, elle a dit : « Messieurs, je » bois aux armées françaises. » Dans un autre moment, le Roi leur disoit : « Messieurs, je suis heureux de me » trouver au milieu de vous ; » il a ajouté « heureux et fier ! »

Les Sœurs de la Charité eurent aussi l'honneur de lui être présentées ainsi qu'à Madame, Duchesse d'Angoulême : « Mes sœurs, leur dit S. M., » je vous vois avec grand plaisir, je » vous recommande les pauvres, les » malades ; je sais qu'avec vous cette » recommandation n'est pas nécessaire, » mais c'est ici un mouvement de mon » cœur paternel. » La Princesse fit plusieurs pas vers ces respectables filles, leur parla avec sensibilité, et donna les plus touchans éloges à leur courageux et pieux dévouement envers l'humanité souffrante.

Le Roi, après avoir séjourné à Compiègne, vint ensuite coucher à Saint-Ouen, village à deux lieues de Paris. Là il reçut encore des députations; et ce fut enfin le lendemain, 3 mai, que S. M. partit à onze heures du matin, pour faire son entrée dans la capitale. Dès six heures, des salves d'artillerie ont annoncé les cérémonies du jour. Monsieur le Comte Charles Damas, à la tête de la garde nationale à cheval, est allé au-devant du Roi jusqu'à Saint-Ouen : messieurs les Maréchaux de France, les Généraux, les Officiers supérieurs de l'armée, et tous les Seigneurs se sont rendus auprès de S. M. pour former son cortége. Les habitans de Paris se sont montrés dignes, par leurs hommages, leur allégresse et les marques touchantes de leur piété filiale, de revoir ce père qui n'a cessé de chérir ses enfans. Toute la route depuis Saint-Ouen jusqu'à la barrière, étoit couverte d'une foule innombrable de peuple : plus de six rangs de spectateurs bordoient le chemin de chaque côté; l'on y étoit aussi pressé que dans les rues de Paris. Des acclamations qui n'ont pas été interrompues un seul instant, ont accompagné le Roi jusqu'à la barrière de Saint-Denis, où on avoit élevé deux colonnes, surmontées des armes de France et de l'étendard royal (*Voyez* le titre gravé). Sa Majesté y a été reçue par le Préfet du département de la Seine, entouré des douze Maires et de tout le Conseil municipal. Le Préfet a prononcé un discours en présentant les clefs de la ville à S. M., qui a répondu avec bonté et sensibilité : « Je » me réjouis de me réunir à mes en- » fans. . . . Je touche les clefs de ma » bonne ville de Paris, mais je vous » les remets ; je ne puis les laisser en » de meilleures mains et les confier à » des magistrats plus dignes de les » garder. » On ne peut se peindre la joie des spectateurs : on n'entendoit par-tout que les cris de *Vive le Roi* ! *vive madame la Duchesse d'Angoulême* ! *vivent les Bourbons* ! A ces acclamations se mêloient des sanglots et des larmes que les cœurs trop émus ne pouvoient contenir. Que de souvenirs faisoient répandre ces pieuses et douces larmes. Le cortége de S. M. se composoit de détachemens de cavalerie de ligne de toutes armes, qui se trouvoient dans les environs de Paris, de garde nationale à cheval qui ouvroit la marche, de huit voitures de la Cour, attelées chacune de huit chevaux, et décorées comme autrefois des armes de France aux portières et de branches de lis sur les panneaux; elles étoient suivies de détachemens d'infanterie de ligne et de garde nationale à pied. On voyoit marcher ensuite un nombre assez considérable de jeunes demoiselles vêtues uniformément, et que leur impatience avoit conduites jusqu'à St-Ouen pour présenter leurs hommages et des fleurs au Roi et à Madame, duchesse d'Angoulême : l'une d'elle portoit une bannière sur laquelle étoient écrits ces mots : *La providence nous rend les Bourbons! vive le Roi!* La présence de ce sexe intéressant au milieu des troupes contribuoit à donner à la fête un air de famille.

Venoient immédiatement les voitures de la ville au nombre de dix-sept, puis un état-major magnifique et très-considérable, composé d'officiers généraux français et étrangers; d'autres corps de troupes de toutes armes, infanterie, cavalerie, précédoient la voiture du Roi qui étoit entourée des maréchaux de France et des généraux de l'armée.

S. M. étoit dans une calèche découverte, attelée de huit superbes chevaux blancs. S. A. R. Madame, duchesse d'Angoulême, était placée à côté du Roi et à sa gauche; sur le devant de la même voiture et vis-à-vis, on voyoit le vaillant prince de Condé et son illustre fils le duc de Bourbon. S. A. R. Monsieur, comte d'Artois, accompagnoit à cheval la calèche de S. M. à la portière de droite. Mgr. le duc de Berry étoit à la portière de gauche. La calèche étoit traînée lentement; mais qui n'eût désiré que sa marche fût plus lente encore, afin de contempler plus long-temps et le Roi dont les traits peignoient si bien la majesté et la bonté tout ensemble, et cette auguste fille du second St. Louis, et ces princes du sang si chers à la France?

Les acclamations de la joie et de l'amour du peuple ne retentissoient pas seulement au passage de son Souverain; mais elles se prolongeoient pendant toute la durée du cortége: maréchaux de France, généraux, officiers, soldats, tous donnoient à l'envi le signal de l'allégresse générale : les chefs des armées étrangères partageoient la joie publique, comme si toute l'Europe n'eût plus fait qu'une seule famille.

Les maisons des rues traversées par le cortége étoient ornées de tapisseries, de guirlandes, de lis, de couronnes de fleurs et de drapeaux blancs suspendus à toutes les croisées depuis le rez-de-chaussée jusqu'aux toits.

Lorsque le Roi est entré sous l'arc de triomphe de la porte Saint-Denis, une magnifique couronne est venue, pour ainsi dire, descendre sur sa tête. Deux orchestres placés sur le marché des Innocens ont fait retentir l'air joyeux de *vive Henri IV*, lors du passage de S. M. Elle a eu la bonté de faire arrêter sa voiture pour recevoir le compliment des dames de la Halle ; en même temps un jeune enfant, de la plus charmante figure, a présenté à Madame, duchesse d'Angoulême, une corbeille de fleurs, et a laissé échapper deux tourtereaux qui sont venus voltiger autour de S. A. R. Le cortége est arrivé devant Notre-Dame à deux heures : S. M. a été reçue par le chapitre métropolitain sous une tente qui avoit été érigée devant le grand portail. Un membre du chapitre a prononcé un discours auquel le Roi a répondu : « En entrant dans » ma bonne ville de Paris, mon pre» mier soin est de venir remercier » Dieu et sa Sainte Mère, la toute » puissante protectrice de la France, » des merveilles qui ont terminé mes » malheurs; fils de St. Louis, j'imite» rai ses vertus. » Le Roi a été conduit sous un dais porté par quatre chanoines, ayant à sa gauche Madame, duchesse d'Angoulême, et à sa droite Monsieur et M.gr le duc de Berry; LL. AA. SS. le prince de Condé et le duc de Bourbon suivaient immédiatement le dais. La princesse et les princes, à l'exemple du Roi, prioient l'Éternel avec le plus saint recueillement. Tous les corps de l'Etat et les grands du Royaume assistoient à la cérémonie. Une multitude immense remplissoit le lieu saint; avant et après le *Te Deum*, on a chanté deux fois le *Domine salvum fac Regem nostrum Ludovicum*, et les cris de *vive le Roi* ont long-temps retenti sous la voûte sacrée. Après la cérémonie religieuse, S. M. a été conduite avec le même cortége au palais des Tuileries. En passant sur le Pont-Neuf, elle s'est arrêtée quelques instans devant la statue de Henri IV. L'aéronaute madame Blanchard s'est enlevée dans un ballon, en sa présence, tenant dans les mains deux drapeaux qu'elle faisoit mouvoir du haut des airs (*Voyez* le frontispice gravé.)

Pendant que le Roi traversoit Paris, pour se rendre à Notre-Dame, et de là au château des Tuileries, on voyoit à toutes les croisées des maisons, jusques aux toits, des femmes parées de la couleur du jour, agitant des drapeaux blancs, aux cris mille fois répétés de *vive le Roi! vivent les Bourbons*! S. M. répondoit à cet enthousiasme général en versant des larmes de joie, par des salutations continuelles, et en montrant la vertueuse fille de Louis XVI, qui étoit assise à ses côtés.

Vers huit heures du soir, S. M. touchée des cris de *vive le Roi*! sans cesse répétés par une affluence considérable de Français, sous les croisées du palais des Tuileries, voulut bien se montrer à son peuple. Peu de temps après, Monsieur s'étant approché de son auguste frère, et voulant lui baiser la main, le Roi l'embrassa et le serra tendrement dans ses bras. Aussitôt les acclamations, les transports, les cris de *vive le Roi*! redoublèrent avec un nouvel enthousiasme. Enfin parut S. A. R. Madame, duchesse d'Angoulême ; les deux augustes frères la placèrent entre eux ; alors les cris cessèrent ; ils étoient étouffés par les sanglots.

Ainsi s'est terminée cette journée à jamais mémorable dans les annales de la nation ; journée dans laquelle le Français a pu faire éclater librement les sentimens d'amour et d'attachement qu'il n'a jamais cessé d'avoir pour ses Souverains légitimes.

Depuis, le Roi a reçu toutes les députations des corps de l'Etat et des villes du Royaume accourues pour complimenter S. M. ; elle les a accueillies toutes avec une bonté paternelle. Dans le nombre de ses réponses, on remarque celles qu'elle fit aux députations de la cour des comptes et de l'université ; S. M. répondit à la députation de la cour des comptes : « Mes besoins » personnels ne seront jamais rien

» pour moi ; mais ceux de l'Etat sont » et seront toujours tout. »

Au grand-maître de l'Université : Peu de lumières conduisent à » l'erreur ; mais beaucoup de lumiè- » res conduisent à la vérité ».

Depuis le retour du Roi sur le trône de ses ancêtres, S. M. n'a pas cessé un instant de s'occuper du bonheur de ses sujets. Les premiers fruits de ses travaux ont été la paix générale, qu'elle a signée dans son cabinet le 30 mai 1814 ; et la charte constitutionnelle qu'elle a fait présenter au sénat et au corps législatif le 4 juin suivant, et qui a été acceptée par ces deux corps de l'Etat, qui sont actuellement désignés, l'un sous le nom de chambre des Pairs, et l'autre sous celui de chambre des Députés. Le Roi s'est encore occupé de l'organisation des troupes, de leur faire payer en grande partie ce qui leur étoit dû d'arriéré ; et elle prend tous les moyens d'économie pour parvenir à acquitter la dette de l'Etat.

Depuis que Louis XVIII est sorti de France, S. M. a habité long-temps Varsovie en Pologne, ensuite Mittau en Russie, et en dernier lieu le château d'Hartwèle en Angleterre, à 16 lieues de Londres. Par-tout où ce vertueux Prince faisoit sa résidence, il étoit adoré du peuple ; quand S. M. traversoit une ville ou un village d'Angleterre, on sonnoit toutes les cloches. Les habitans se précipitoient sur son passage, et la suivoient en lui donnant des témoignages d'amour et de vénération. Ce bon Prince étoit par-tout comme un père au milieu de ses enfans. Il s'occupoit avec une tendre sollicitude des malheureux, leur prodiguoit des secours, séchoit leurs larmes, et les rendoit, autant qu'il lui étoit possible, à la vie et au bonheur. S. M. s'occupoit en outre, dans sa retraite, de la culture des belles lettres et des beaux arts, qui furent même ses plus chers délassemens dans des temps plus prospères.

Louis XVIII, dans plus d'un cas, a donné des secours à ses sujets prisonniers de guerre en Angleterre ; et ce vertueux Monarque écrivoit en ces termes au magnanime Alexandre, Empereur de Russie, en faveur des prisonniers faits dans les dernières campagnes : « Le sort des armes a fait » tomber dans les mains de V. M. im» périale plus de cent cinquante mille » prisonniers, la plus grande partie » Français ; peu importe sous quels » drapeaux ils ont servi ; ils sont mal» heureux ; je ne vois en eux que mes » enfans. Je les recommande à la bon-

» té de Votre Majesté impériale; qu'elle » daigne considérer combien un grand » nombre d'entre eux a déjà souffert, » et adoucir la rigueur de leur sort ! » Puissent-ils apprendre que leur vain» queur est l'ami de leur père ! Votre » Majesté ne peut pas me donner une » preuve plus touchante des sentimens » qu'elle a pour moi ». Voilà des épanchemens qui ne peuvent sortir que du cœur d'un Monarque légitime ; voilà des paroles que les Français n'ont pas entendues depuis vingt-quatre ans.

MONSIEUR, COMTE D'ARTOIS,

Colonel général des Gardes nationales de France et des Suisses.

Charles-Philippe de France, frère du Roi, né à Versailles le 7 octobre 1757.

Ce bon Prince a fait son entrée à

S. A. R MONSIEUR, COMTE D'ARTOIS.

Arrivée de S. A. R. Monsieur à Notre Dame.

Paris le 12 avril 1814, en qualité de lieutenant général du Royaume.

A peine fut-on informé dans la capitale que S. A. R. étoit arrivée à Livry vers trois heures après-midi, qu'aussitôt un grand nombre de personnes de tous rangs y accoururent. Elles en furent accueillies avec une bonté, une affabilité touchante; on s'étonnoit de ne point voir de gardes auprès de sa voiture. « A travers la haie de co-
» cardes blanches qui ne m'a point
» quitté depuis Vesoul, je n'avois pas
» besoin d'escorte, dit Monsieur. J'ar-
» rive à Paris avec d'autant plus de
» satisfaction, que je suis sûr d'y ap-
» porter la paix générale. La cocarde
» blanche que vous voyez à mon cha-
» peau, vient de m'être envoyée par
» l'Empereur d'Autriche ».

On ne peut rendre l'air de noblesse et de bonté avec lequel S. A. R. a reçu, non seulement les personnes de distinction qui étoient venues au devant d'elle, mais encore celles des villageois, des ouvriers, ainsi que les députations des dames de la Halle de Paris, de Versailles et des villes voisines. On entendoit ce cri unanime : « Nous sommes bien sûrs de notre » bonheur, puisque nous revoyons le » frère de notre bon Roi ». « Oui, » mes enfans, leur répondoit le Prince; » nous ne venons que pour cela ».

A quatre heures et demie, les fifres et les tambours ayant annoncé l'arrivée d'un détachement pris dans toutes les légions de la garde nationale de Paris, S. A. R. s'en approcha, et dit : « J'aime l'habit que vous portez ; il est » celui d'un grand nombre de bons » Français : j'en ai fait faire un pareil » dans la bonne ville de Nancy ; je n'en » aurai point d'autre pour mon entrée à

» Paris». A ces mots, les cris de *vive Louis XVIII, vive Monsieur, vivent les Bourbons* ! ont retenti de toutes parts; l'enthousiasme n'a pu se contenir; on a rompu les rangs; tous ont jeté leurs armes, et S. A. R. s'est trouvée au milieu d'une foule qui se précipitoit autour d'elle. Des larmes d'attendrissement et de joie couloient de tous les yeux. Le Prince étant monté dans son appartement, bientôt les officiers et les soldats de la garde nationale firent retentir les airs chéris: *Vive Henri IV; Où peut-on être mieux qu'au sein de sa famille*? Le Prince ouvrit la fenêtre au milieu des cris de *vive le Roi*! *vive Monsieur*! Il invita les officiers et soldats de la garde nationale à monter dans le salon. Il attacha lui-même un bout de ruban blanc à la boutonnière de plusieurs d'entre eux, et en distribua également à tous les autres : voilà l'origine de la décoration du lis.

Le lendemain matin, avant de se mettre en route pour la capitale, Monsieur reçut une cour très-nombreuse. Le général Dupont, commissaire au ministère de la guerre, depuis ministre, et le général Dessoles, commandant de la garde nationale de Paris, eurent l'honneur de déjeûner avec S. A. ainsi que plusieurs officiers et anciens seigneurs.

Le détachement de six cents hommes de la garde nationale de Paris, qui s'étoit rendu la veille auprès de S. A. R. l'a accompagnée à Paris. Toute la route étoit couverte d'une foule immense accourue de tous les côtés, et qui ne cessoit par ses acclamations de témoigner son amour et sa vénération pour un Prince chéri qu'elle revoyoit après une si longue et si douloureuse absence.

absence. Monsieur s'est arrêté plusieurs fois, daignant parler à ceux qui étoient assez heureux pour s'approcher le plus près de sa personne. A la barrière, il a été complimenté par M. le président du Gouvernement provisoire; par le préfet du département de la Seine accompagné du conseil général du département et de tous les maires de Paris. S. A. R. a répondu: « Messieurs, » je vous remercie de ce que vous » avez fait pour notre patrie. J'éprou- » ve une émotion qui m'empêche d'ex- » primer tout ce que je ressens. Plus » de division: la paix et la France. Je » la revois enfin, et rien n'y est chan- » gé, si ce n'est qu'il s'y trouve un » Français de plus. » Le Prince a paru vivement ému en entrant dans la capitale. La marche du cortége étoit ouverte par la belle cavalerie de la garde nationale; venoit ensuite l'infanterie:

S. A. R. marchoit à la tête d'un nombreux et superbe état-major; elle montoit un cheval blanc et portoit l'uniforme de la garde nationale : elle étoit décorée du cordon bleu avec la plaque de la croix de St.-Louis et de l'ordre de la Toison d'or en sautoir.

Il est impossible de décrire l'enthousiasme et la joie que l'immense population de Paris a fait éclater par-tout sur le passage de S. A. R. On n'a jamais rien vu de semblable, et nous ne craignons pas de dire que nos pères n'ont jamais été témoins d'un spectacle plus beau, plus auguste et plus touchant. Il ne s'agit pas ici de pompe et de magnificence, il s'agit de l'amour du peuple pour le Prince et de l'amour du Prince pour le Peuple.

Les acclamations de la joie publique étaient mêlées de sensibilité et d'attendrissement. Oui, un grand nombre de spectateurs n'ont pu retenir leurs larmes.

Monsieur, comte d'Artois, répondoit à l'allégresse du peuple par les salutations les plus affectueuses : à tout moment il levoit en l'air son chapeau surmonté d'un panache blanc, pour saluer la multitude. On ne pouvoit se lasser d'admirer à la fois et cette dignité qui brilloit sur toute la personne du Prince, et cette bonté qui régnoit sur son visage. A ces traits, qui n'auroit pas reconnu le fils de St. Louis, d'Henri IV et le frère de Louis XVI.

Dans le cortége on remarquoit un très-grand nombre d'officiers de tous grades des armées alliées, qui confondoient leurs acclamations avec celles des troupes françaises et de tous les spectateurs : c'est que le retour de nos Princes est véritablement une fête européenne : c'est la fête de la restauration de l'ordre social et du rétablissement de la paix universelle. Deux heures se sont écoulées pendant la marche du cortége, depuis la barrière jusqu'à l'église de Notre-Dame : non seulement toutes les rues qu'il a traversées étoient remplies de l'affluence du peuple; mais les fenêtres, les balcons, et jusqu'aux toits même de chaque maison, étoient couverts d'habitans qui agitoient des mouchoirs blancs, en faisant retentir l'air des cris de *vive le Roi*! *vive Monsieur*! Pendant toute la route, la musique a exécuté l'air chéri de *vive Henri IV*!

Arrivée devant le portail de Notre-Dame, S. A. R. mit pied à terre; elle y fut reçue par le chapitre métropolitain. Tous les chanoines étaient revêtus de chappes. Au compliment qui lui a été fait par l'un d'eux, Monsieur a répondu par un discours noble et touchant, qui a ſait une vive impression sur ceux qui ont pu l'entendre. On en a retenu entre autres ces paroles si royales et si dignes de l'auguste maison de Bourbon : « Le Roi » ne sera heureux que lorsque son » peuple le sera ». S. A. R. a été conduite dans le sanctuaire sous un dais porté par quatre chanoines ; elle suivoit sur son livre de prières le chant de l'église dans le plus profond et le plus religieux recueillement.

On a remarqué que, pendant qu'elle adressoit ses prières à l'Eternel, des larmes lui étoient plusieurs fois échappées des yeux.

La cérémonie s'est terminée par des acclamations qui se sont long-temps prolongées. Le Prince a été accompagné par le même cortége au palais des Tuileries.

En y arrivant, le drapeau blanc a

été arboré sur le pavillon du centre, au milieu des acclamations de la foule qui couvroit le jardin et la place du Carrouzel. Avant d'entrer dans ses appartemens, S. A. R. a parcouru tous les rangs de la garde nationale, dont la cour du palais étoit remplie, s'est entretenue avec un grand nombre, leur a serré la main avec affabilité, et a fait entendre par-tout des paroles touchantes que les cœurs français ont recueillies avidement. Lorsqu'elle est entrée dans ses appartemens, elle a dit aux Maréchaux de France qui l'accompagnoient : « Il » est doux de se reposer dans le pa- » lais de ses pères, au milieu de ses « compatriotes, et sur vos lauriers, » Messieurs ». Elle entendit dire à ses côtés : « Monseigneur doit être bien » fatigué ». « Comment donc, reprit » le Prince, serois-je fatigué un jour

» comme celui-ci, le premier jour de » bonheur que j'aie éprouvé depuis » vingt-cinq ans? » Le soir, les habitans de Paris ont illuminé la façade de leurs maisons, sans qu'il y ait eu la moindre invitation de la part de l'autorité publique.

Après un long discours que S. A. R. fit à la députation du Sénat, qui vint lui donner connoissance du décret qui lui déféroit le gouvernement sous le titre de lieutenant général du royaume, un des membres de ce corps s'écria : » C'est vraiment le fils d'Henri IV ». Le Prince répondit : « Son sang coule » en effet dans mes veines; je désirerois en avoir les talens; mais je » suis bien sûr d'avoir son cœur et son » amour pour les Français ».

Monsieur a fait un voyage dans les départemens qui ont le plus souffert des malheurs de la guerre. Par-tout

Il a été accueilli avec allégresse. Il a porté des consolations aux malheureux dont les propriétés ont été ravagées et incendiées, et leur a promis d'en rendre compte au Roi, afin de leur faire donner des secours. En passant par Lyon, S. A. R. a visité les hôpitaux et les principales manufactures de cette ville. Le 19 septembre, en allant à l'île Sainte-Barbe, pour jouir d'une fête que les Lyonnais lui avoient préparée, Monsieur montoit une gondole magnifiquement décorée; un choc qu'elle éprouva fit chanceler et tomber sur lui un garde national qui se confondit aussitôt en excuses. « Vous êtes » tombé sur mon cœur, lui répondit » le Prince ; c'est la place de tous les » Français ».

Monsieur, Comte d'Artois, ainsi que ses deux illustres fils M.grs le Duc d'Angoulême et de Berry, suivoient,

MADAME ROYALE, DUCHESSE D'ANGOULÊME.

L'Antigone Françoise.

pendant leur exil, le noble exemple du Roi, en secourant les malheureux et les prisonniers français.

MADAME ROYALE, DUCHESSE D'ANGOULÊME.

Marie-Thérèse-Charlotte de France, fille de Louis XVI, nièce du Roi, née à Versailles le 19 décembre 1778.

Cette auguste et vertueuse Princesse, après avoir essuyé tous les malheurs et toutes les humiliations, a été sauvée par un bienfait de la Providence des désastres affreux qui ont accablé sa famille. Rendue enfin à notre amour, elle est pour nous la preuve évidente de la clémence du ciel, qui a daigné pardonner tant de forfaits commis, au nom d'une nation fidèle, par un petit nombre de scélérats, dont les crimes firent frémir l'Europe. Le directoire, sans consulter le vœu du peuple, la força de quitter la France pour se rendre à Vienne. Elle alla ensuite rejoindre le Roi, son oncle, qu'elle a toujours accompagné depuis, et auquel elle a prodigué tous ses soins pendant qu'ils habitoient ensemble une terre étrangère. Cet attachement, cette piété filiale pour un Prince malheureux, lui ont fait donner le surnom d'*Antigone Française*. Elle est rentrée en France et dans la capitale, avec Louis XVIII, comme nous l'avons dit plus haut.

Lors du débarquement de S. A. R. à Calais, elle reçut avec une grâce infinie l'hommage des dames de cette ville ; elle accepta et plaça sur son cœur des lis qui lui avoient été présentés : nulle offrande ne pouvoit plaire davantage à la fille de nos Rois.

Après son arrivée à Compiègne,

S. A. R. ne cessoit de répéter en pleurant et en riant : « Que je suis heu-
» reuse d'être au milieu des bons
» Français ! » Si quelque chose sur la terre peut donner l'idée d'un ange par la modestie, la candeur, c'est certainement la fille de Louis et d'Antoinette ; ses traits sont un mélange heureux de ceux de son père et de sa mère : une expression de douceur et de tristesse, mêlée dans ses traits, annonce ce qu'elle a souffert.

A son entrée dans le palais de ses pères, S. A. R. s'est évanouïe ; cette Princesse incomparable avoit éprouvé les effets d'une émotion semblable en passant devant le palais de Justice. Que de sentimens fait naître un si héroïque exemple de piété filiale !

Lorsque les dames qui composent le comité de la Société Maternelle de Paris furent présentées à S. A. R., elle témoigna l'intérêt le plus touchant pour cette institution; et après s'être fait rendre compte de l'objet, des moyens et des besoins de la Société, elle a daigné consentir à prendre le titre de leur présidente. C'est le plus grand bienfait auquel ces dames pouvoient prétendre.

Dès son enfance, Madame Royale donna des marques de cette bonté qui fait la base de son caractère. Peu de temps après que madame de Mackcau eût été spécialement chargée de son éducation, elle eut le malheur de marcher fortement sur le pied de la Princesse. S. A. R. ne laissa pas, dans ce moment, apercevoir qu'elle eût éprouvé aucune douleur. Le soir, son bas se trouva rempli de sang. Après les questions qu'on lui fit, elle en dit la cause, et madame de Mackcau lui ayant demandé pourquoi elle n'en avoit pas

parlé sur-le-champ : « Puisque, ré-
» pondit-elle, dans cet instant où je
» ne souffre plus, vous êtes si peinée
» de m'avoir fait mal, vous auriez été
» bien plus fâchée si vous l'eussiez su
» quand je sentois quelque douleur ».
Madame étoit alors âgée de neuf ans.

Dans le courant du mois de juin 1799, S. A. R. alla rejoindre le Roi son oncle à Mittau. Quand le Monarque apprit que sa nièce approchoit, il monta en voiture pour aller au devant d'elle. Aussitôt que les voitures des deux illustres personnages commencèrent à s'approcher l'une de l'autre, la Princesse commanda d'arrêter la sienne, et descendit rapidement. On voulut la soutenir ; mais elle s'échappa avec légèreté, et courut, à travers des tourbillons de poussière, vers le Roi, qui, les bras tendus, accouroit de son côté pour la serrer contre son cœur.

La Princesse tomba à ses pieds ; et tandis qu'il s'empressoit de la relever, le bon Louis l'entendit s'écrier : « Je » vous revois enfin ; je suis heureuse ; » veillez sur moi, soyez mon père ». Le Roi, sans pouvoir proférer une parole, la serra contre son sein, et lui présenta Mgr. le duc d'Angoulême. Ce jeune prince, retenu par le respect, ne put s'exprimer que par des larmes, qu'il laissa tomber sur la main de son auguste cousine, en la pressant contre ses lèvres. Le Monarque, qui ne pouvoit soutenir l'idée de la voir séparée de la France par une alliance étrangère, la maria, après avoir obtenu son consentement, à Mgr. le Duc d'Angoulême, peu de temps après son arrivée à Mittau.

Je citerai ici quelques fragmens d'une lettre écrite par M. le comte d'Avarais, adressée à un de ses amis, sur le voyage du Roi, obligé de quitter Mittau dans le cours de l'hiver

de 1801. « Sans asile sur la terre, cette
» charmante, cette héroïque princesse (Ma-
» dame Royale), qui, élevée dans une pri-
» son, et pendant des années entières ayant
» à peine entrevu le jour, est maintenant jetée
» sur le globe et sans abri dans l'immensité.

» C'est avec une ame vraiment sublime,
» jointe à la plus adorable sensibilité que ma-
» dame la Duchesse d'Angoulême marche
» dans cette nouvelle carrière de calamités; elle
» n'a pas balancé un moment à attacher son
» sort à celui de son oncle. Elle veut suivre son
» Roi par-tout, et confondre ses infortunes avec
» les siennes. Telles sont ses propres expres-
» sions. Ce voyage, jusqu'ici au bord de la
» mer sur-tout, a été cruel. Une tempête
» horrible, des tourbillons de neige aveu-
» glant les hommes et effrayant les chevaux,
» ont interrompu la dernière journée. La
» rigueur de la saison, les gîtes les plus
» affreux, l'ignorance absolue du lieu où
» pourront se reposer ces têtes précieuses;
» rien n'altère la douceur, la constance de
» notre adorable Princesse; uniquement occu-
» pée du Roi, tout est bien, tout est bon
» pour elle. Ici, la chaleur étouffante d'un

» poêle ; là , le froid glacial d'une chambre » sans feu , qu'il faut habituellement par- » tager avec ses femmes , tandis que son » oncle repose dans le stude commun (cham- » bre où est un poêle) ; rien ne peut lui » arracher une plainte ; c'est un ange con- » solateur pour notre maître, et un modèle » de courage pour nous. Ah ! mon cher , que » n'ai-je , pour m'exprimer , tout ce que la » nature m'a donné pour sentir ! Mon ta- » bleau seroit plus vrai , c'est-à-dire non » moins sublime que déchirant. Vous verriez, » comme moi , à travers vos larmes, notre » cher maître dans un misérable réduit , et » pour tout espoir l'espoir d'en trouver un » semblable le lendemain ; vous le verriez » avec un visage serein, cette bonté , cette » grâce qui lui sont propres, et que vous » savez si bien apprécier. Cherchant en vain » des termes pour exprimer sa reconnois- » sance à côté de lui, la fille de tant de Rois , » nouvelle Antigone , cette victime , échappée » aux bourreaux de sa famille , belle , tou- » chante , rappelant enfin le meilleur des » Princes , sa courageuse mère et sa ver- » tueuse tante Elisabeth ; vous la verriez ,

» mon ami, tenant sur ses genoux le chien
» devenu cher à toute ame sensible, compa-
» gnon de captivité du malheureux Enfant
» Royal, puis le seul témoin compatissant
» de ses longues souffrances à elle-même (il
» s'agit du chien du malheureux Louis XVI):
» quel est le cœur de fer, dans quel parti,
» dans quelle faction, sur quel degré du trône
» pourroit-on le trouver, qui ne fondroit pas
» en pleurs en voyant un tel tableau ?

Enfin, Madame, Duchesse d'Angoulême, dernier rejeton du plus vertueux et du plus infortuné des Rois, parcouroit, lorsqu'elle étoit en Angleterre, les environs de sa résidence, allant chercher les malheureux sous le chaume, et leur prodiguant toutes les consolations et tous les secours dont ils pouvoient avoir besoin.

J'ai appris de quelques officiers et soldats que le sort des armes avoit conduits prisonniers de guerre en Angleterre, que, pour alléger leur sort, elle donnoit tout ce qu'elle possédoit, c'est-à-dire toutes les sommes dont elle pouvoit disposer. Sa bonté l'a portée à aller les visiter plusieurs fois. Elle leur disoit affectueusement qu'elle étoit Française comme eux, et qu'elle les voyoit toujours avec un nouveau plaisir. C'est ainsi que cette auguste Princesse se rapprochoit, à force de bienfaits, au moins par la pensée, d'une patrie qu'elle regrettoit toujours, et qui étoit l'objet des plus douces affections de son cœur. Aussi ces prisonniers, de même que tous les Français, la regardent comme un ange descendu du ciel, pour secourir et consoler les malheureux.

Mgr. LE DUC D'ANGOULÊME,

Grand Amiral de France, Colonel général des Cuirassiers et des Dragons.

Louis-Antoine, Duc d'Angoulême, premier fils de Monsieur, petit-fils

S.A.R. MGR LE DUC D'ANGOULÊME.

François, à ce trait, reconnoissez un Bourbon.

de France, né à Versailles le 6 août 1775.

S. A. R., après avoir passé près de six mois à servir le Roi dans les départemens méridionaux de la France, s'et enfin rendue aux vœux des habitans de la capitale, dans laquelle elle a fait son entrée le 27 mai 1814. Paris a maintenant le bonheur de posséder toute la famille royale et tous les Princes du sang. Le jour de son arrivée, dès onze heures du matin, la garde nationale, et toutes les troupes ont été mises sur pied. Madame, Duchesse d'Angoulême, est partie à deux heures des Tuileries, dans une voiture attelée de huit chevaux blancs, et s'est dirigée, au devant de son auguste époux, jusqu'à Bourg-la-Reine.

A trois heures, Mgr. le Duc de Berry est parti à cheval, accompagné des Maréchaux de France, des lieutenans généraux de l'armée et de l'état-major de la garde nationale. Le préfet du département, les maires et le conseil municipal de Paris se sont transportés à la barrière du Maine, pour y recevoir et complimenter S. A. R. A cinq heures, le Prince a fait son entrée avec son cortége qui étoit des plus nombreux et des plus brillans. Il montoit un cheval blanc, avoit à sa droite Mgr. le Duc de Berry son frère, et à sa gauche Mgr. le Duc d'Orléans.

Le cortége se composoit d'environ douze mille hommes de la garde nationale à pied, de toute la garde nationale à cheval, du régiment de chasseurs de Berry, et de la gendarmerie de Paris et du département. Les Maréchaux et les généraux entouroient les Princes. L'empressement du peuple de Paris pour jouir de la présence de S. A. R. a été vraiment extraordinaire. Les acclamations de la joie, les cris de *vive le Roi! vive le Duc d'Angoulême! vivent les Bourbons!* ont constamment accompagné le Prince depuis Mont-Rouge jusqu'au palais des Tuileries. On prenoit plaisir à reconnoître dans ses traits la bonté, l'air chevaleresque et l'aimable dignité de son auguste père; on admiroit la touchante affabilité qui lui gagne tous les cœurs. A sept heures et demie, après le dîner de la famille Royale, le Roi s'est montré à l'une des fenêtres du palais, ayant à sa droite Mgr. le Duc d'Angoulême, et à sa gauche Madame Royale. Le public a, de nouveau, fait éclater son allégresse et son amour par des applaudissemens très-long-temps prolongés.

Lorsque S. A. R. étoit à Bordeaux, elle a rempli, pendant la Semaine-Sainte, les devoirs religieux, sans interrompre les travaux auxquels elle se livroit pour le bonheur du peuple. En apprenant les heureux événemens du 30 mars, le Prince dit : « Le sang » français ne coulera plus ».

S. A. R. écrivoit de Bordeaux, en date du 15 avril, à M. le maire de Toulouse :

« J'ai reçu hier votre lettre du 12, qui » m'a fait un bien grand plaisir ; j'en éprou- » verois un bien plus vif de pouvoir vous le » témoigner de vive voix à Toulouse. Dites à » tous les habitans combien j'ai été touché de » leur conduite, et combien je suis empressé » de me rendre dans leur bonne ville. Je » crains que les événemens qui viennent de » se passer à Paris ne retardent ce besoin de » mon cœur ».

Mgr. le Duc d'Angoulême a parcouru ensuite plusieurs villes des départemens voisins, Libourne, Toulouse et autres. Il a passé en revue toutes les troupes qui s'y trouvoient. Par-tout il a été reçu aux acclamations des militaires et du peuple, qui se réunissoient pour manifester leur joie, et qui ne pouvoient se rassasier du bonheur de voir le digne descendant du grand Henri, l'auguste époux de la vertueuse fille de Louis XVI. C'est au milieu des bénédictions des soldats de toutes armes et des Français de tout sexe et de tout âge, que le Prince est rentré à Bordeaux.

Après avoir passé quelque temps à Paris, S. A. R. en est partie dans le courant du mois de juin pour visiter les ports de la Bretagne. Elle est arrivée le 27 du même mois à Brest; elle a inspecté tous les grands magasins et bâtimens, qu'elle a trouvés en très-bon état. Ensuite elle est entrée dans la chaloupe qui lui étoit préparée pour aller en rade, et hisser son pavillon à bord du Marengo, vaisseau de 74. En quittant le port, ce prince a été salué par les batteries qui en défendent l'entrée, et par les vaisseaux de guerre qui se sont trouvés dans la rade. Les acclamations du peuple éclatoient de toutes parts ; ensuite S. A. R. s'est rendue à bord du vaisseau l'Hôpital, et a donné la liberté à cent cinquante malheureux, dont plusieurs étrangers qui y étoient détenus. Elle a reçu avec bonté les sentimens de reconnoissance de ces infortunés.

Ensuite les habitans et la marine de Brest ont donné à S. A. R. une fête des plus brillantes et des plus magnifiques. Les corvettes se rangèrent en bataille, et firent plusieurs évolutions qui eurent toute l'apparence d'un combat naval. Le Prince s'est rendu de là à l'hôtel Saint-Pierre, où la marine lui a donné un bal magnifique ; les illuminations étoient très-belles. On remarquoit le Marengo illuminé de la

manière

manière la plus brillante. S. A. R. est rentrée dans son palais à onze heures. A chaque pas, elle a reçu des marins, des troupes et des habitans l'expression également animée des sentimens que sa présence inspire. Après avoir quitté Brest, Mgr. le Duc d'Angoulême a dirigé ses pas sur Lorient. A son arrivée dans cette ville, les députés de plusieurs communes de Bretagne lui ont adressé une harangue en bas-breton, dont voici la traduction.

« Notre Prince, permettez à des paysans » de vous contempler à leur aise, jamais » leurs yeux ne pourront se lasser de vous » voir parmi nous, ainsi que notre Roi. Nos » cœurs sont pleins d'amour pour les Bour- » bons. Vivons cent ans encore, si Dieu nous » les accorde; vous, pour avoir le plaisir de » nous rendre heureux, et nous, pour avoir » le plaisir de vous aimer ».

Dans le même voyage, S. A. R. se rendant à Auray, et passant à un demi-quart de lieue de la Chartreuse, où reposent les dépouilles mortelles d'une partie des Français massacrés à l'affaire de Quiberon; elle voulut visiter ce monument, et laisser tomber sur leurs ossemens desséchés une larme de reconnoissance. Le Prince arriva dans cet endroit escorté par la fidélité et le dévoûment, et fut reçu à la porte de l'église par M. le curé du canton de Pluvigner, qui lui présenta l'eau bénite et l'encens. Mgr. le Duc d'Angoulême assista au *Te Deum* et au Salut.

S. A. R. se leva ensuite; on crut qu'elle alloit sortir du lieu saint; mais, arrivée à la hauteur du tombeau, elle se détourna vivement, se précipita à genoux, et pria avec ferveur. Quel spectacle! Français, à ce trait, reconnoissez un Bourbon! Après cet acte religieux, le Prince se rendit à sa

S. A. R. Mgr LE DUC DE BERRY.

Le Maire remercie S. A. R. au nom de ces infortunés.

voiture, au milieu des acclamations de la gratitude qui l'accompagnèrent jusqu'à la ville d'Auray.

M.gr LE DUC DE BERRY,

Colonel général des Chasseurs à cheval et Chevau-Légers-Lanciers.

Charles-Ferdinand, Duc de Berry, second fils de Monsieur, petit-fils de France, né à Versailles le 24 janvier 1778.

S. A. R. a débarqué au port de Cherbourg le 13 avril. La frégate qu'elle montoit en entrant dans la rade a été saluée par l'artillerie de la ville, des forts et des vaisseaux. Ces sons d'allégresse se sont répétés sur toute la côte. Ce Prince a été accueilli avec la chaleur, l'émotion et l'enthousiasme que le peuple porte à la famille des Bourbons dans la personne d'un rejeton du grand Henri. Une musique militaire, disposée sur le quai du bassin, a exécuté, pendant le débarquement, cet air charmant : *Où peut-on être mieux* ? Le Prince serra dans ses bras les premiers Français qui montèrent à bord de sa frégate, les yeux baignés de larmes de joie. La foule se pressoit autour de S. A. R. dont l'émotion étoit extrême. Elle répondoit aux acclamations de tous les habitans, de tous les militaires et de tous les marins, par ces expressions touchantes : *Vive la France* ! Le Prince a répondu aux félicitations qui lui étoient adressées par ces mots : « Chère France ! » en la revoyant, mon cœur est plein » des plus doux sentimens ! Nous n'ap- » portons que l'oubli du passé, la paix » et le désir du bonheur des Français ».

Le soir, toute la ville fut illuminée, et des milliers de Français parcouroient les rues, enivrés du doux spectacle dont ils venoient d'être témoins.

Mgr. le Duc de Berry quitta Cherbourg le lendemain, pour se rendre à Valognes et à St.-Lô, villes dans lesquelles il a été accueilli avec le même enthousiasme. De là il s'est transporté à Bayeux, où la garde d'honneur du Calvados et la garde nationale sont venues à sa rencontre. S. A. R. a ordonné que les chevaux de sa voiture ne marchassent qu'au pas. Les cris de *vive le Roi*! *vive Mgr. le Duc de Berry*! répétés par une foule immense, ont accompagné le Prince partout où il a porté ses pas. Aux acclamations de ce bon peuple, il répondoit : *Vivent les Normands*! En entrant dans la ville, le premier soin de S. A. R. a été de se rendre à la cathédrale, où l'on a chanté le *Te Deum* en actions de grâces. Dans l'après-midi, le Prince a passé la revue de la garde nationale, dans les rangs de laquelle il est entré en répétant plusieurs fois : *Vive la garde nationale de Bayeux* ! Ayant saisi le bras du commandant, S. A. R. a voulu se promener sans escorte au milieu du peuple, qui se pressoit autour d'elle pour baiser ses mains, ses genoux ; et l'on peut dire que, pendant trois quarts-d'heure, elle n'a cessé d'être portée dans les bras des braves Normands. Le lendemain, Mgr. le Duc de Berry s'est rendu à Caen, au milieu des marques de la plus vive allégresse de tout le peuple. En tous lieux il a fait remarquer la bonté la plus touchante, et s'est plu à répéter qu'*on n'est heureux qu'au milieu des siens*.

Pendant les deux jours que S. A. R. a passés dans cette ville, l'une des deux pièces que l'on donna au théâtre à l'occasion du Prince, ce fut la *Partie de chasse d'Henri IV*. Dans la matinée, S. A. R. avoit fait mettre en liberté plusieurs personnes détenues depuis deux ans pour une prétendue révolte occasionnée par la disette. Le maire a eu l'heureuse idée de les faire paroître sur la scène après la première pièce. Lorsque la toile s'est levée, on a vu tous ces malheureux à genoux sur le théâtre, avec leurs femmes et leurs enfans, et levant leurs bras vers le Prince. Le maire a dit quelques mots pour remercier S. A. R. au nom de ces infortunés. Aussitôt le descendant d'Henri IV s'est levé pour répondre ; mais les larmes et les sanglots l'ont tellement suffoqué, qu'il n'a pu prononcer une seule parole. Je crois que jamais il n'y a eu d'émotion aussi vive pour tous les spectateurs.

S. A. R. s'est mise en route pour Rouen, où elle est arrivée le 18 avril, à dix heures du soir, au son des cloches et aux acclamations d'une population immense, qui se pressoit sur son passage, qui entouroit sa voiture, et demandoit à dételer ses chevaux pour conduire elle-même le Prince. Mgr. le Duc de Berry, sensible à ces témoignages d'amour et de joie publique, a fait donner l'ordre aux postillons de conduire les chevaux au petit pas. Toutes les maisons situées sur son passage étoient illuminées et ornées de drapeaux blancs. Le Prince a passé la journée du 19 à recevoir les autorités et les personnes les plus notables de la ville; à visiter les principales manufactures, et à passer en revue toutes les troupes de la garnison.

Le 21 avril, à une heure après-midi, S. A. R. a fait son entrée dans la capitale, au milieu des mêmes acclamations de joie et d'amour, qui ont retenti de toutes parts à l'arrivée de son auguste père.

A la barrière de Clichi, escortée par un détachement de grenadiers de toutes les légions de la garde nationale de Paris, qui étoient partis la veille au devant d'elle jusqu'à St-Denis, S. A. R. a reçu les félicitations du conseil municipal, auquel elle a répondu en ces termes : « Messieurs, mon cœur est » trop ému dans ce moment pour pou- » voir exprimer tous les sentimens qui » m'agitent en me voyant au milieu des » Français et de cette bonne ville de Pa- » ris. Entourés de la gloire de la Fran- » ce, nous venons y apporter le bon- » heur; ce sera notre occupation cons- » tante jusqu'à nôtre dernier soupir. » Nos cœurs n'ont jamais cessé d'être » Français, et sont pleins de ces sen-

» timens généreux qui sont le carac-
» tère distinctif de notre brave nation.
» *Vivent les Français* ! »

Le Prince, à cheval, en uniforme de garde national, marchoit entouré des Maréchaux de France, de généraux de division et de l'état-major de la garde nationale, qui l'ont escorté jusqu'au château des Tuileries (*).

PRINCES ET PRINCESSES DU SANG.

Depuis la rentrée en France de Louis *le Désiré*, tous les autres Princes et Princesses du sang, que les circonstances avoient éloignés de nous, et qui avoient également, comme notre bon Roi, emporté dans leur cœur l'amour de la patrie et un attachement paternel pour les Français, ont quitté la terre hospitalière qui les avoit si

(*) Nous prévenons le lecteur que divers journaux nous ont fourni les matériaux qui ont servi à composer cet ouvrage.

bien accueillis, et sont venus entourer le trône du légitime Souverain. Les membres des diverses branches de cette famille, en se rendant dans la capitale, et en traversant les villes et les bourgs du royaume, ont été témoins de l'enthousiasme général, de l'accord unanime du peuple pour la conservation de la personne du Monarque; ils ont partagé les félicitations des habitans de la France. Divers détachemens ont été au devant d'eux, lorsqu'ils approchoient de Paris, et les ont escortés avec pompe et avec cet air de satisfaction, véritables interprètes des sentimens du peuple français.

Nous donnerons ici les noms des Princes et Princesses qui sont rendus à nos désirs et à nos vœux.

Branche d'Orléans.

Louise-Marie-Adélaïde de Bourbon-Penthièvre, Duchesse Douairière d'Orléans, née le 13 mars 1753.

Louis-Philippe d'Orléans, son fils, Duc d'Orléans, né le 6 octobre 1773, marié le. . . . à

Marie-Amélie de Sicile, née le 26 avril 1782. De ce mariage est né :

Ferdinand-Philippe d'Orléans, Duc de Chartres, né le 3 septembre 1810.

Louise-Marie-Thérèse-Charlotte d'Orléans, née le 3 avril 1812.

Marie-Christine-Caroline, née le 12 avril 1813.

Louise-Marie-Adélaïde-Eugénie d'Orléans, sœur de Mgr. le Duc d'Orléans, née le 23 août 1777.

Branche de Bourbon-Condé.

Louis-Joseph de Bourbon, Prince de Condé, né à Paris le 9 août 1736.

Louis-Henri-Joseph de Bourbon-Condé, son fils, Duc de Bourbon, né le 13 avril 1756, marié le 24 avril 1770 à

Louise-Marie-Thérèse-Bathilde d'Orléans, née à Saint-Cloud le 9 juillet 1750, Duchesse de Bourbon.

Louise-Adélaïde de Bourbon-Condé, fille du Prince de Condé, née le 5 octobre 1757.

A la suite de la Famille Royale, des Princes et Princesses du sang, sont également rentrés en France un grand nombre de seigneurs et de Français attachés à la cause du Roi, et qui ont employé, loin de leur patrie, tous les moyens qui étoient en leur pouvoir pour le service de notre Souverain. Plusieurs occupent dans l'Etat des postes éminens qu'ils remplissent avec honneur. Tous les membres de la grande famille sont donc réunis; les Français ne doivent plus faire qu'un peuple de frères, confondre tous leurs sentimens dans le bien général, et l'amour qui doit environner notre bon Roi Louis XVIII.

Les Poules de la Métairie.

FABLE.

Des poules vivoient depuis long-temps sous la domination d'un coq, bon, paisible, ami de la paix, ne cherchant que le bonheur de la famille qu'il gouvernoit avec sagesse et avec douceur. Son nom étoit chéri, respecté. La discorde, les animosités, les haines étoient bannies de son domaine. Il avoit rappelé, par sa modération et ses rares qualités, cet Age d'Or si vanté par les poëtes. Sa vigilance écartoit toute crainte, jusqu'à l'ombre même du danger. Le petit état étoit heureux sous un tel chef, et la Métairie le regardoit comme digne du poste éminent qu'il occupoit.

Mais bientôt la gent emplumée s'ennuya de ces jours de bonheur. Quelques poules, ennemies de l'ordre et des bons principes, conspirèrent contre leur protecteur, et le tuèrent pendant son sommeil. Dans cette désorganisation, des coqs étrangers accoururent pour partager les dépouilles du chef qui venoit de périr. Les nouveaux concurrens, ne pouvant s'accorder, se firent la guerre, et la plupart s'entre-détruisirent. Au milieu de ces dissensions, plusieurs poules perdirent la vie. Quelques-uns des prétendans subsistoient encore, et exerçoient un empire tyrannique. Les poules infortunées appelèrent à leur secours, pour se débarrasser de leurs oppresseurs, un oiseau cruel, un vautour qui fut encore plus barbare que ses devanciers, et qui réduisit à moitié la malheureuse peuplade.

Le despotisme enfanta le désespoir et l'insurrection. Le vautour disparut. La famille du premier chef n'étoit pas encore éteinte. Le conseil assemblé appela un de ses membres pour gouverner. A son arrivée, tout rentra dans l'ordre ; la tranquillité, le bonheur reparurent, et les poules, instruites, par l'expérience, prirent la ferme résolution de ne plus quitter leur état tranquille, de vivre heureuses, et de ne plus songer à changer de maître.

Le Père de famille et ses Enfans.

FABLE.

Un père de famille avoit plusieurs enfans. Comme il se vit dans une extrême vieillesse, assez proche de sa fin, il les manda tous. Sitôt qu'il les vit assemblés, il prit plusieurs baguettes, et les lia toutes ensemble en faisceau; puis il le donna à l'aîné de ses enfans, lui ordonna de le rompre. Celui-ci se mit en devoir de le faire; quelque effort qu'il fît à plusieurs reprises, il n'en put jamais venir à bout. Il le donna tout entier au second, et celui-ci au troisième, sans que ni les uns ni les autres en eussent pu rompre une seule baguette. Cela fait, le vieillard reprit le faisceau, et en sépara les baguettes; ensuite il les re-

donna l'une après l'autre à chacun de ses enfans, et leur commanda d'essayer une seconde fois à les rompre. Ils n'eurent pas plutôt obéi, qu'ils les rompirent toutes du premier effort. Enfans, leur dit le père, quand j'aurai pris congé de ce monde, il en sera ainsi de vous. Tant que vous demeurerez tous dans l'union, vous serez si forts, que rien ne pourra vous ébranler; mais, dès que vous serez désunis, vous vous affoiblirez de telle sorte, que le moindre choc suffira pour vous abattre.

DE LA PONCTUATION.

Six marqnes servent à distinguer les parties du discours.

Le point (.) se place à la fin de la phrase, quand le sens est complet, fini et déterminé.

La virgule (,) sert à séparer les différens membres de la phrase et pour servir de repos.

Le point-virgule (;) marque un sens moins complet que le point.

Les deux points (:) s'emploient pour séparer une phrase qui est finie, d'une autre qui en est le développement.

Le point interrogatif (?) se met à la fin d'une phrase qui exprime une interrogation.

Le point admiratif (!) se place à la fin d'une phrase qui exprime une admiration ou exclamation.

CHIFFRES.

0,	1,	2,	3,	4,
zéro,	un,	deux,	trois,	quatre,
5,	6,	7,	8,	9,
cinq,	six,	sept,	huit,	neuf.

Ces chiffres suffisent pour tous les nombres, parce que l'on est convenu qu'au lieu de représenter des unités, ils représenteroient des dixaines, en les plaçant à une colonne plus avancée; des dixaines de dixaines, ou des centaines à la troisième colonne, ainsi de suite, toujours en décuplant.

Chiffres	*Arabes.*	*Romains.*
un	1	I.
deux	2	II.
trois	3	III.
quatre	4	IV.
cinq	5	V.
six	6	VI.
sept	7	VII.
huit	8	VIII.
neuf	9	IX.
dix	10	X.
onze	11	XI.
douze	12	XII.
treize	13	XIII.
quatorze	14	XIV.
quinze	15	XV.
seize	16	XVI.
dix-sept	17	XVII.
dix-huit	18	XVIII.
dix-neuf	19	XIX.
vingt	20	XX.
trente	30	XXX.
quarante	40	XXXX ou XL.
cinquante	50	L.

Chiffres	*Arabes.*	*Romains.*
soixante	60	LX.
soixante-dix	70	LXX.
quatre-vingt	80	LXXX.
quatre-vingt-dix	90	XC.
cent	100	C.
deux cents	200	CC.
trois cents	300	CCC.
quatre cents	400	CCCC.
cinq cents	500	D.
six cents	600	DC.
sept cents	700	DCC.
huit cents	800	DCCC.
neuf cents	900	DCCCC.
mille	1000	M.
dix mille	10000	XM.
cent mille	100000	CM.

Mon enfant, à présent que vous savez bien lire, il sera bon que vous vous exerciez à tracer avec une plume, sur du papier, les caractères d'écriture que nous avons placés à la fin de cet ouvrage, afin de vous apprendre à écrire.

Caractères d'Ecritures.

abcde

fffgh

ijklm

nopq

r r s ſs

t t u v v

x y z

1 2 3 4 5

6 7 8 9 0

Majusculæ.

A B

C D E

F G H

I K L

M N

O P Q

R S T

U V

W X

Y Z

FIN.

www.ingramcontent.com/pod-product-compliance
Ingram Content Group UK Ltd.
Pitfield, Milton Keynes, MK11 3LW, UK
UKHW012229240726
13966UKWH00003B/1029